Coleção Steps

ENSINO FUNDAMENTAL

Victoria Keller

STEPS IN ENGLISH

Inglês

Kids

4º ano

IBEP

Steps in English
Kids book 4

Diretor superintendente	Jorge Yunes
Gerente editorial	Célia de Assis
Assistentes editoriais	Célia Sunahara Luiza Sato
Revisão	Otacilio Palareti Sandra Brazil
Produção editorial	José Antonio Ferraz
Coordenadora de iconografia	Maria do Céu Pires Passuello
Assistente de iconografia	Tatiana Ferreira Lubarino
Ilustrações	Camila Scavazza Dawidson França
Projeto gráfico, diagramação e capa	Figurativa Editorial

CIP-BRASIL. CATALOGAÇÃO-NA-FONTE
SINDICATO NACIONAL DOS EDITORES DE LIVROS, RJ

K38n
2.ed.

Keller, Victoria
Steps in English - Kids, 4º ano / Victoria Keller. - 2.ed. - São Paulo : IBEP, 2010.

ISBN 978-85-342-2723-0 (aluno) - 978-85-342-2728-5 (mestre)

1. Língua inglesa - Estudo e ensino (Ensino fundamental). I. Título.

10-3167. CDD: 372.6521
CDU: 373.3.016=111
05.07.10 07.07.10 020013

2ª edição – São Paulo – 2010

1ª Reimpressão 2011

IBEP

Av. Alexandre Mackenzie, 619 – Jaguaré
São Paulo – SP – 05322-000 – Brasil – Tel.: (11) 2799-7799
www.editoraibep.com.br editoras@ibep-nacional.com.br

CTP, Impressão e Acabamento - IBEP Gráfica
21400

APRESENTAÇÃO

A coleção **STEPS**, há mais de 15 anos vem obtendo sucesso pedagógico, sendo reconhecida por adequar o estudo da língua inglesa à realidade da sala de aula. Atividades, músicas e jogos educativos são organizados respeitando-se o desenvolvimento do aluno em cada etapa do aprendizado.

Esta coleção aparece mais uma vez reformulada, melhorada, enriquecida e oferecendo praticidade no seu uso e aproveitamento. Os livros apresentam uma sequência que vai da Educação Infantil ao Ensino Fundamental II, a fim de que seja realizado um trabalho contínuo e gradativo

A coleção **STEPS IN ENGLISH** é composta de dois volumes (**Children I** e **II**) destinados à Educação Infantil, cinco ao Ensino Fundamental I (**Kids**) e quatro para o Ensino Fundamental II (**Teens**). O movimento de assimilação dos conteúdos estudados ocorrerá ao longo do processo de aprendizagem. Portanto, é muito importante promover um ambiente estimulante e motivador para cativar o aluno ao estudo de outro idioma, respeitando-se o seu ritmo, incentivando-o sempre, retomando e acrescentando conhecimentos, construindo, junto com cada aluno, um novo olhar para o mundo. As atividades devem partir do próprio ambiente do aluno como referência para, então, estender-se à compreensão de outra cultura por meio de comparações, análises, classificações, experimentações etc.

STEPS, como o próprio nome sugere, visa contribuir com o aprendizado da língua inglesa respeitando cada passo e degrau a caminho de novas conquistas.

Esta coleção foi planejada a fim de que professores especialistas e não especialistas consigam desenvolver suas aulas normalmente, com tranquilidade e segurança.

Durante o processo de reformulação da obra houve uma preocupação de integrar outras áreas do ensino e habilidades, envolvendo ciências naturais, integração social, arte, ciências sociais, percepção visual/auditiva, oralidade e comunicação escrita.

A ação constante do fazer e do refazer, do criar e do recriar de **Steps in English** é que o torna sempre um material atualizado, flexível e cativante.

HOW TO USE *STEPS IN ENGLISH* – KIDS 4

FLASHPAGE – A página de apresentação da unidade deve contextualizar e ambientar as aulas. As ilustrações têm como função motivar a discussão sobre o assunto a ser estudado. Trabalhe as ilustrações da primeira **flashpage** no início da unidade e, ao terminá-la, oriente os alunos para colar os adesivos das frases e palavras aprendidas nas imagens correspondentes.

SHOW TIME – São sugestões de encenação em sala de aula que enriquecem e dinamizam as **flashpages** usadas na abertura das unidades.

UNITS – As unidades apresentam conteúdo temático para motivar o aprendizado da língua inglesa e o desenvolvimento das habilidades de forma gradativa.

ATIVIDADES – As atividades se relacionam com outras áreas do conhecimento como Arte, História, Matemática etc. e estimulam o aprendizado. Há uma variedade muito grande de atividades. Conforme o nível da classe e o tempo disponível, podem-se selecionar apenas algumas atividades. No começo de cada unidade sempre há uma atividade envolvendo a colagem de adesivos.

MINI DIALOGS – Pequenos diálogos que estimulam a prática oral dos assuntos estudados. Cada um deles resume um bloco de unidades.

PLAY STEPS! – Jogos de **tabuleiro** em página dupla que apresentam motivação pedagógica, complementam as atividades e auxiliam na revisão.

REVIEW – Atividades de revisão localizadas no final do livro. Para cada **Unit** há uma atividade de revisão para o aluno fazer em classe ou em casa, podendo ser destacada e entregue ao professor. Todas elas contêm cabeçalho com o nome do aluno e data.

SPECIAL DATES – As datas comemorativas podem ser trabalhadas a critério do planejamento do(da) professor(a). As músicas do **CD** podem ser usadas nessas ocasiões.

GENERAL VOCABULARY – No fim do livro há um vocabulário de apoio ao aluno e ao professor com palavras relacionadas ao tema de cada unidade. Em caso de dúvida quanto à pronúncia das palavras, pode-se consultar o CD que acompanha a coleção. Quanto ao vocabulário das unidades, não há necessidade de os alunos o assimilarem no todo. O importante é que tenham uma vivência de outro idioma e desenvolvam um pouco a competência auditiva e oral. Todas as palavras e estruturas vão sendo retomadas nos próximos anos, e o aluno vai automaticamente aumentando sua competência linguística em inglês.

STICKERS (adesivos) – No fim do livro do aluno encontram-se os adesivos de frases e palavras que devem ser usados para completar a **flashpage** no final de cada unidade. Os adesivos estão na ordem que a classe utilizará. Todas as unidades têm adesivos correspondentes ao seu conteúdo, e essa atividade pode ser usada como revisão do conteúdo estudado.

CD – O **CD** traz a gravação de textos e vocabulário, além de músicas que podem ser usadas, a critério do professor, durante o ano letivo ou em datas comemorativas.

CONHEÇA OS SÍMBOLOS USADOS EM SEU LIVRO

COLAR

DESENHAR, ESCREVER, COMPLETAR

PINTAR

FALAR

OUVIR

RECORTAR

LIGAR

CIRCULAR

COBRIR LINHAS

OBSERVAR

LER

MAP OF THE BOOK

UNIT	COMMUNICATIVE FUNCTIONS	CONTENTS	INTERDISCIPLINARY RELATIONSHIP
1 IN THE CLASSROM PAGE 9	Falar sobre cumprimentos Usar discurso direto formal e informal	• good morning, good afternoon, goodbye, hi, hello • big/small • objects and school materials	Integração social Percepção visual/auditiva Oralidade Ciências Sociais
2 BOTANIC GARDEN PAGE 16	Falar sobre flores e cores	• what color is this? • this flower is... • this is big/small • I can see... • things and objects • colors	Integração social Ciências Naturais Percepção visual/auditiva Oralidade
3 GARAGE SALE PAGE 23	Falar de coisas e objetos da casa, da escola etc.	• this bike is... • I like it • like/deslike • my family is • big/small/short/long/old/new	Integração social Ciências Sociais Percepção visual/auditiva Oralidade
4 CLOCK TOWER PAGE 30	Falar as horas	• what time is it? • numbers • I have • the pink clock is big	Integração social Percepção visual/auditiva Oralidade Ciências Naturais
MINI DIALOGS – UNITS 1, 2, 3 E 4 PAGE 38			
5 MY FAMILY AND ME PAGE 47	Falar dos membros da família, da casa e de roupas	• this is my family • I love • I am • my name is • here you can see • it is • they are • I like • clothes, family members	Integração social Percepção visual/auditiva Oralidade Ciências Sociais

MAP OF THE BOOK

UNIT	COMMUNICATIVE FUNCTIONS	CONTENTS	INTERDISCIPLINARY RELATIONSHIP
6 **IN THE TOWN** PAGE 54	Falar sobre a cidade, os meios de transporte e as profissões	• I am • my town is very small • I have • I like • I love • what is • my name is • the bus is • colors, adjectives, means of transportation, occupation	Integração social Percepção visual/ auditiva Oralidade Ciências Sociais
7 **STREET MARKET** PAGE 61	Falar sobre frutas, legumes e verduras	• this is delicious • what is this/that • this potato is special • what fruit is this/ that? • the melon is • this is a green coconut • I like/I don't like • fruit, vegetables	Integração social Percepção visual/ auditiva Oralidade Ciências Sociais e Naturais
MINI DIALOGS – UNITS 5, 6 E 7 PAGE 70			
8 **ANIMAL NEWS** PAGE 79	Falar sobre animais e proteção ambiental	• this/that is • he/ she is • what can you see • I can see • can you see • what animal can you see • old, young, big, small, short, tall • domestic/wild animals	Integração social Percepção visual/ auditiva Oralidade Ciências Sociais e Naturais

MAP OF THE BOOK

1 In the classroom

Leia o texto com seu(sua) **teacher** e realize as atividades.

Escreva as saudações **Goodbye!** e **Good night!** nas figuras correspondentes.

____

____

Complete, em inglês, os cumprimentos.

Bom dia.	G ____ d ____ ning
Boa tarde.	Go ____ after ____
Boa noite.	____ d ____ ght
Adeus.	____ b ____ e

Preencha os balões com as saudações à sua escolha.

In the classroom

Observe os objetos escolares e escreva as frases seguindo o exemplo.

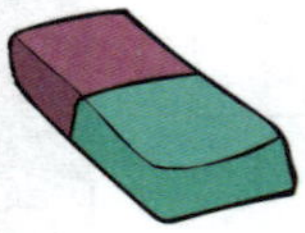

Eraser/rubber

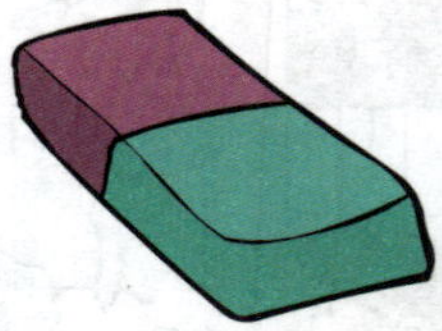

The eraser is small ____________________

The eraser is big ____________________

Door

____

____

Book

____

____

Ruler

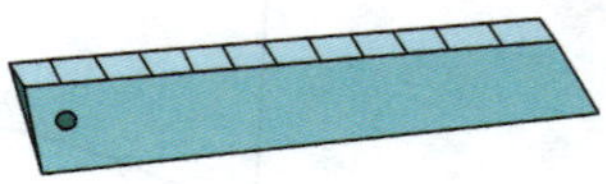

____

____

Window

____

____

Complete os balões de fala, conforme o modelo.

Desenhe o que seu(sua) **teacher** vai dizer.

FLASHPAGE

●●● In the classroom

UNIT 2 Botanic garden

Converse com seus colegas: Quais flores vocês podem ver na figura? De que cores elas são?

What can you see in the picture?
I can see....

This is a beautiful garden.
I can see small and big flowers.
I can see yellow, blue and pink flowers.
And you?

Responda à pergunta **What color is this flower?** escrevendo o nome da cor da flor correspondente.

What color is this flower?

This flower is red.

What color is this flower?

What color is this flower?

What color is this flower?

What color is this flower?

Escreva **yes** ou **no**, conforme a frase e a figura.

This tree is green.

This leaf is pink.

This flower is blue.

This fruit is yellow.

Organize as letras e escreva os nomes das cores nas linhas.

- g r e n e ______________________
- d e r ______________________
- b l c k a ______________________
- o r a n e g ______________________

Ligue as frases aos desenhos.

This table is white.

This rose is red.

This car is yellow.

This door is blue.

This tree is green.

This pencil is black.

This board is green.

Leve os visitantes até a saída do labirinto. Depois, copie nas linhas as frases encontradas no caminho.

Desenhe o que seu(sua) **teacher** vai dizer.

FLASHPAGE

Botanic garden

UNIT 3 Garage sale

Leia o texto com seu(sua) **teacher** e realize a atividade abaixo.

I like my house. My house is new.
I like my bike. My bike is big.
I like my car. My car is red.
But I dislike my skate. My skate is old.

teddybear

ice cream

doll

truck

kite

chocolate

Escreva os nomes das coisas de que você gosta e das coisas de que você não gosta.

I like...

____

____

____

____

I dislike...

____

____

Escolha uma palavra para completar as frases e circule-a. Depois, escreva as frases.

This family is...

small

big

____

____

This book is...

old

new

____

____

This skate is...

short

long

____

____

This car is...

small

big

____

____

Leia e circule as palavras adequadas. Ao lado, escreva as palavras que você circulou.

Things que usamos para vestir doll shorts shoes	
Things que usamos para beber algo cup kite glass	
Things que usamos para brincar bike kite doll	
Things que usamos na escola para ler e escrever book car pencil	
Things que usamos para passear car cup bike	

Descubra duas palavras que estão embaralhadas.

B E L
I O
L K D

1ª palavra ____________

2ª palavra ____________

Escreva uma frase em inglês com as palavras que você encontrou.

____

____

Complete as palavras com as letras que faltam.

_____ e w   o l _____   _____ a r   _____ i g

_____ m a l l   b i k _____   _____ a l l   _____ o l l

_____ o o k   t a b l _____

Encontre, no emaranhado de letras, as palavras da atividade anterior.

B	I	K	E	T	A	B	L	E	S	B
I	X	S	M	A	L	L	C	Z	A	X
B	O	O	K	K	C	A	R	B	M	H
N	E	W	L	O	L	D	E	X	U	G
B	A	L	L	T	V	Q	D	O	L	L

Escreva nas linhas as palavras.

Escreva frases com as palavras que você encontrou.

Ouça os nomes que seu(sua) **teacher** vai dizer. Alguns nomes começam com as letras C, K, B. Quando ele (ou ela) falar os nomes que começam com essas letras, assinale o desenho correspondente.

C **K** **B**

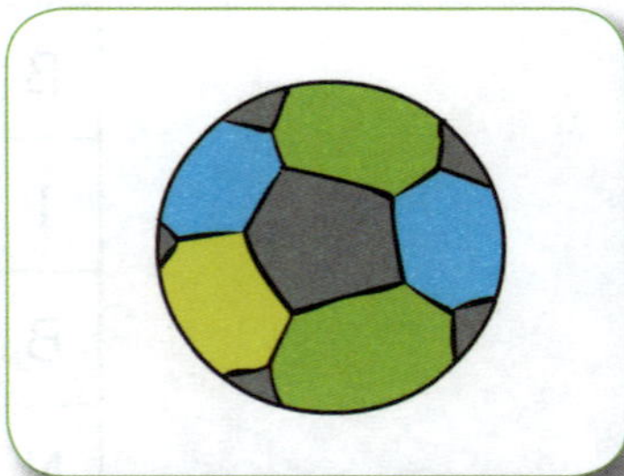

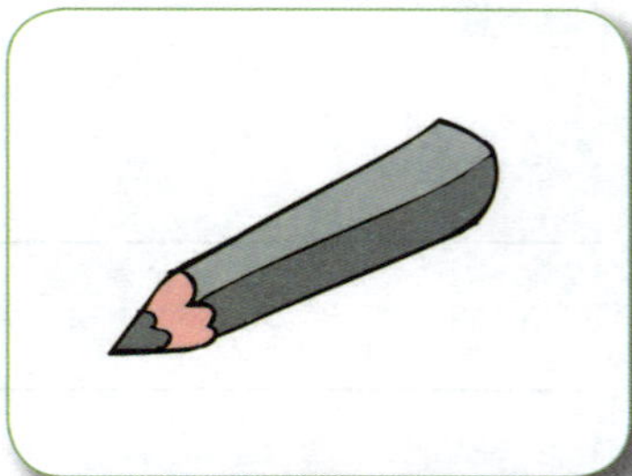

FLASHPAGE

Garage sale

4 Clock tower

Leia o texto com seu(sua) **teacher** e realize as atividades.

I have four clocks.
One clock is red. One clock is blue.
One clock is white. One clock is pink.
The pink clock is big.
The red clock is small.
What time is it?
It is five o'clock now.

True or **false**?
Reescreva as frases para as quais você marcar **false**, corrigindo o que for necessário.

1. One clock is yellow. ☐ true ☐ false

____

2. One clock is pink. ☐ true ☐ false

____

3. The red clock is big. ☐ true ☐ false

____

Responda de acordo com o texto.

What time is it now?

____

What color is the big clock?

____

Pinte as letras das palavras observando como se escrevem estes números por extenso. Depois, leia em voz alta.

1	ONE	11	ELEVEN
2	TWO	12	TWELVE
3	THREE	13	THIRTEEN
4	FOUR	14	FOURTEEN
5	FIVE	15	FIFTEEN
6	SIX	16	SIXTEEN
7	SEVEN	17	SEVENTEEN
8	EIGHT	18	EIGHTEEN
9	NINE	19	NINETEEN
10	TEN	20	TWENTY

Quais letras estão faltando? Escreva-as.

fou ____________	fiv ____________	sev ____________
tw ____________	thr ____________	s ____________ x
n ____________ ne	t ____________ n	

Escreva em algarismos estes números.

( ) seven	( ) two	( ) four	( ) five
( ) three	( ) one	( ) eleven	( ) six
( ) twelve	( ) twenty	( ) eight	( ) ten

Quais são os números?

1. Descubra no labirinto os números 2, 10, 13 e 14 escritos por extenso em inglês.

L	V	T	M	N	Y	E	T	F	G	I	J	G	B	U	I	O	P
O	K	F	O	U	R	T	E	E	N	X	T	K	P	T	K	Y	R
T	E	B	O	U	F	I	V	E	X	X	I	R	F	G	H	N	B
T	H	I	R	T	E	E	N	X	L	K	N	X	T	R	X	W	Z
N	M	J	H	G	B	T	Y	U	R	F	X	Z	R	S	T	W	O
N	H	N	H	J	M	K	L	K	J	M	K	M	N	H	B	N	H
E	I	W	H	T	L	N	M	U	I	O	U	I	O	P	B	N	V
M	N	B	G	T	H	Y	T	E	N	N	P	T	Y	U	V	E	H
V	B	G	F	R	T	Y	U	I	J	H	M	J	I	M	B	H	T

2. Escreva por extenso, em inglês, os números indicados pelas figuras.

______________ ______________ ______________ ______________

3. Ligue as palavras aos números correspondentes.

7	four	8	eleven
4	seven	11	eight
2	six	13	twelve
6	two	12	thirteen

Ouça as horas que seu(sua) **teacher** vai dizer em inglês e escreva-as nos relógios.

What time is it? Recorte e brinque com um colega.

What time is it? 1:00	What time is it? 2:00	What time is it? 3:00
What time is it? 4:00	What time is it? 5:00	What time is it? 6:00
What time is it? 7:00	What time is it? 8:00	What time is it? 9:00
What time is it? 10:00	What time is it? 11:00	What time is it? 12:00

It's three o'clock. | It's two o'clock. | It's one o'clock.

It's six o'clock. | It's five o'clock. | It's four o'clock.

It's nine o'clock. | It's eight o'clock. | It's seven o'clock.

It's twelve o'clock. | It's eleven o'clock. | It's ten o'clock.

FLASHPAGE

Clock Tower

MINI DIALOGS – UNITS 1, 2, 3, 4

Para ler, ensaiar e encenar

1

BOY – Hello, Carol!
GIRL – Hello, Bob!
BOY – What time is it, please?
GIRL – It is four o'clock.
BOY – Thank you.

2

BOY – Hi, Carol!
GIRL – Hi, Bob! What is this?
BOY – This is a flower.
GIRL – Oh, I like flowers.
BOY – This flower is for you.
GIRL – Thank you, Bob!

PLAY STEPS

Units 1, 2, 3, 4

Recorte as cartas das páginas 43 e 45 e faça um montinho com elas. Sente-se com um colega. Ele deverá pegar uma carta do monte e ler a pergunta ou o desafio que há nela para você responder. Se você acertar a resposta, ande no tabuleiro o número de casas indicado pelo dado que aparece desenhado na carta. Se errar, não ande nenhuma casa, fique onde está nesta jogada. Agora é a sua vez de pegar uma carta do monte para o seu colega responder ao desafio ou à questão que há nela. Para marcar as casas no tabuleiro, vocês podem usar pedacinhos de papel de cores diferentes. Ganha o jogo quem chegar primeiro ao troféu.

Veja o significado destas expressões que aparecem escritas no tabuleiro.

Start: Começo.

Steps: Passos, pegadas, rastros.

Go 2 steps: Ande 2 passos ou 2 "casas" do jogo.

Lose turn: Perde a vez.

Go back 2 steps: Volte 2 passos ou 2 "casas" do jogo.

You are the winner!: Você é o vencedor!

The end: Fim.

LET'S PLAY!
10
8
Go 2 Steps
9
7
5
Lose turn
6
4
3
2
START
1

11
12
13
Lose turn
14
Go back 2 Steps
15
16
Go back 2 Steps
17
Go 2 Steps
18
19
THE END
20
1
You are the winner!

Diga um cumprimento em inglês

Resposta: Good Morning, Hi, Hello, Good Afternoon, Good Night

This is a pencil. Yes or no?

Resposta: Yes.

This is a door. Yes or no?

Resposta: No.

This is a table. True or false?

Resposta: False.

What color is this flower?

Resposta: This flower is yellow.

What color is this?

Resposta: This is blue.

What color is this flower?

Resposta: Pink.

Diga o nome de uma cor em inglês que comece com a letra O.

Resposta: Orange.

A palavra kite começa com que letra?

Resposta: K.

This car is new or old?

Resposta: New.

This book is big or small?

Resposta: Big.

O que você diz quando gosta de alguma coisa? I like ou I dislike?

Resposta: I like.

It is five o'clock. True or false?

Resposta: False.

What time is it?

Resposta: It is eight o´clock.

What time is it?

Resposta: It is two o´clock.

What time is it?

Resposta: It is five o´clock.

UNIT 5 My family and me

Leia o texto com seu(sua) **teacher** e realize as atividades.

Here you can see a photo of my family.
This is Joe. He is my father.
This is Jane. She is my mother.
This is Bob. He is my brother.
This is Anne, my sister.
And this is Peg. It is my cat.
My family is special!
I like my family!

Yes or **no**?

Joe is the father.	☐ yes	☐ no
Bob is the brother.	☐ yes	☐ no
Peg is the mother.	☐ yes	☐ no
Anne is the sister.	☐ yes	☐ no

Leia e complete o texto com o que falta.

Here you can see a photo of my family.

This is Joe. ______________________________

This is Jane. ______________________________

This is Anne, ____________________________

And this is Peg. ___________________________

___________________________ is special.

I like my ________________________________

Complete as palavras com as letras que faltam.

f _____ mi _____ y   br _____th _____r   _____ is _____ er

f _____ th _____ r   m _____ th _____

Ligue os nomes às figuras.

mother   **brother**   **family**   **sister**   **father**

Escreva as frases seguindo o modelo. Depois, leia-as em voz alta.

1. father *I like my father.*
2. mother ______________________
3. brother ______________________
4. sister ______________________
5. family ______________________

Escolha no armário **clothes** para vestir o **brother** e a **sister**. Desenhe as roupas escolhidas no corpo deles. Depois, complete as falas dos balões escrevendo o nome e a cor das **clothes** que você escolheu.

Escreva na cruzada os nomes dos integrantes da família em inglês.

Faça um X nos desenhos que seu(sua) **teacher** vai dizer.

FLASHPAGE

My family and me

UNIT 6 In the town

Leia o texto com seu(sua) **teacher** e realize as atividades.

My town is very small.
I have friends here.
I like Raul. He is a policeman.
I like Lucy. She is a driver.
Doctor Lucas is my friend.
I love my small town.

Marque ✕ na resposta correta.

1. The town is very ( ) big ( ) small
2. Raul is a ( ) driver ( ) policeman
3. Lucy is a ( ) doctor ( ) driver

Complete o texto com o que falta.

My town is very small.

____

I like Raul. ______________________________________

______________________________________ She is a driver.

Doctor Lucas is my friend.

I love my ______________________________________.

Escreva as perguntas e as respostas de acordo com o exemplo.

Dentist – Bill

What is your name?

Lucas – Doctor

What is your name?

My name is Lucas.

I am a doctor.

Driver – Paul

What is your name?

Teacher – Helen

What is your name?

Salesperson – Sandra

What is your name?

Means of transportation

car

bus

train

truck

ship

boat

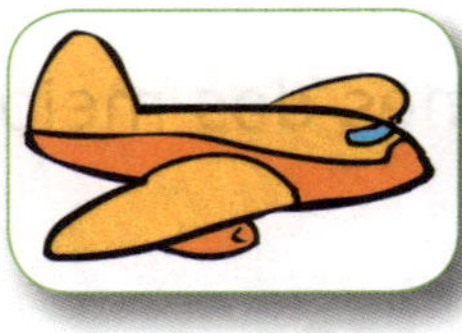
airplane

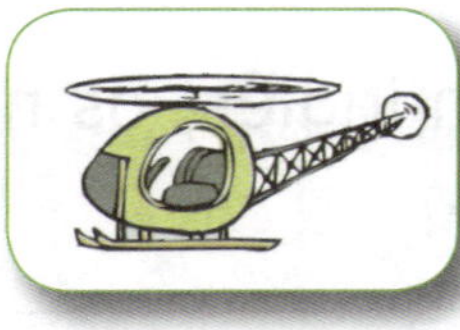
helicopter

motorcycle

bicycle

Ligue os meios de transporte aos seus nomes em inglês. Depois, leia os nomes em voz alta.

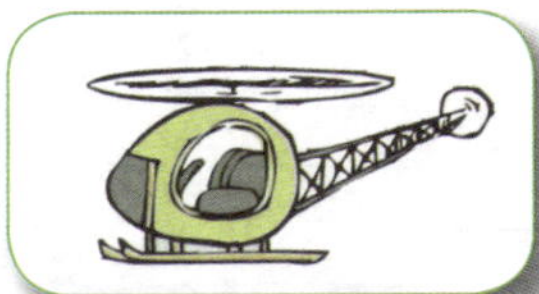

bus

car

train

truck

boat

airplane

bicycle

helicopter

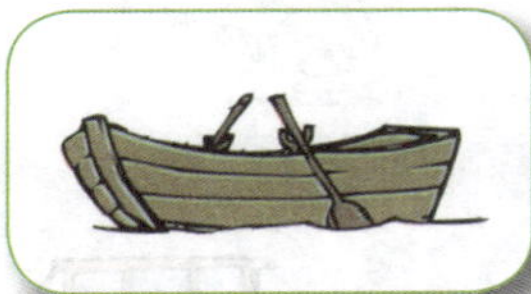

Reescreva os nomes destes meios de transporte de acordo com a sua velocidade: do mais rápido ao mais lento.

car

bicycle

airplane

1. ______________________

2. ______________________

3. ______________________

Escreva na cruzada, em inglês, os nomes dos meios de transporte desenhados.

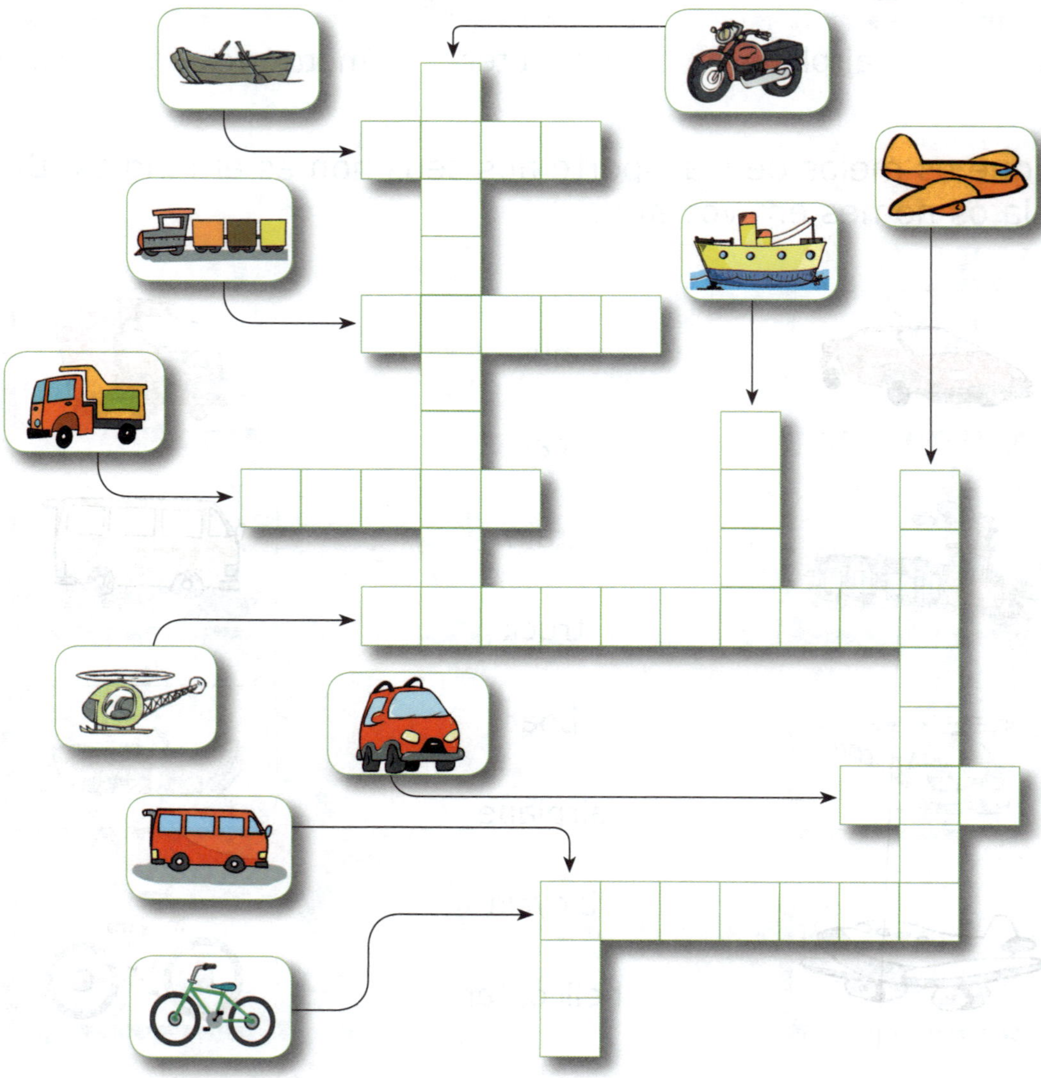

Escreva as frases que seu(sua) **teacher** vai dizer embaixo das figuras correspondentes.

FLASHPAGE

In the town

7 Street market

carrot
manioc
This is a pumpkin!
pumpkin
What is this?
potato
This potato is special!

Leia o texto com seu(sua) **teacher** e realize as atividades.

– What fruit is this?
– This is a mango.
– What fruit is that?
– That is a melon.
And that is a green coconut.
Coconut is delicious!
– Yes. I like coconut.

Complete:

– What fruit is this?
– ______________________________
– What fruit is that?
– ______________________________
Coconut is a __________________________ fruit.

Complete o texto com o que está faltando.

– What fruit is this?
– This is ______________________________
– What fruit is that?
– That is ______________________________
And that is __________________________
Coconut is __________________________
– Yes. _________________________________ coconut.

Pinte as letras dos nomes das frutas com a cor que elas têm. Depois, diga em voz alta, em inglês, os nomes das frutas e de suas cores.

BANANA

PEAR

APPLE

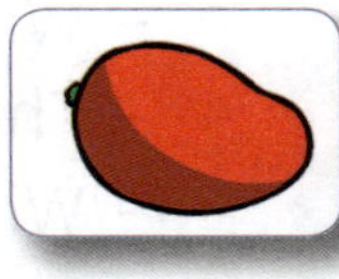
MANGO

LEMON

ORANGE

PINEAPPLE

COCONUT

Responda às perguntas dizendo os nomes e as cores das frutas. Siga o modelo.

What is this?

This is a pear.

This pear is yellow.

What is that?

What is this?

What is this?

What is that?

What can you see in the picture?
Conte o número de **fruit** e complete as frases. Siga o modelo.

I can see three apples in the picture.

I can see ______

I can see ______

I can see ______

I can see ______

FRUIT IS DELICIOUS!

Escreva na cruzada, em inglês, os nomes das frutas desenhadas.

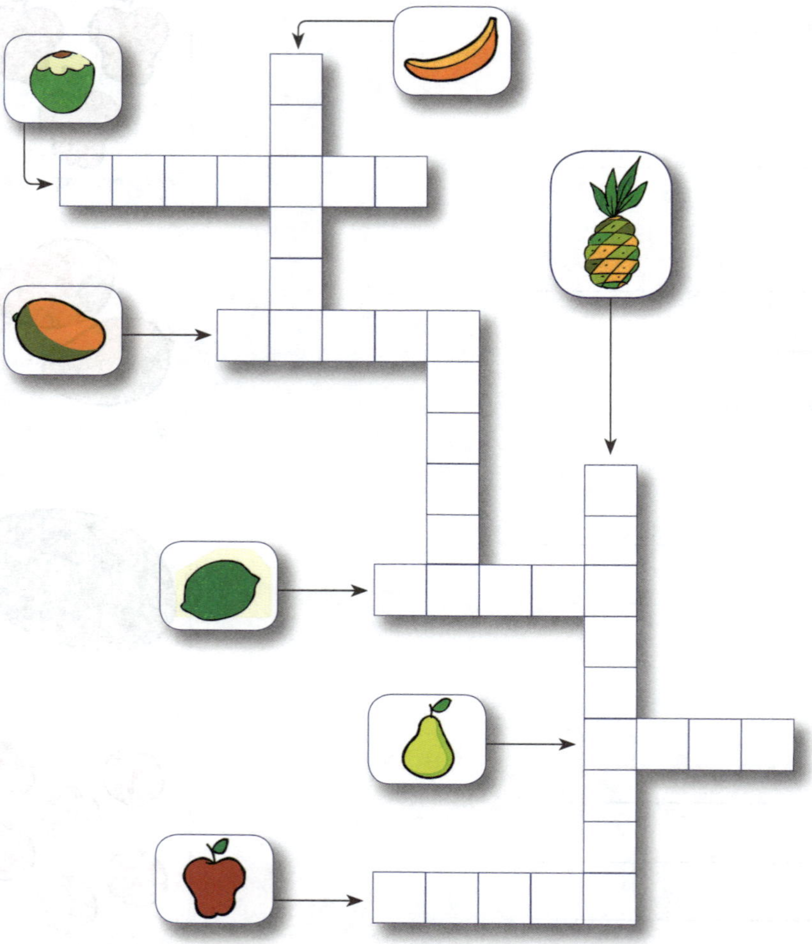

Organize as letras e escreva os nomes das frutas.

AREP ____________________

NOMEL ____________________

GOMAN ____________________

TUNCCOO ____________________

PAPEL ____________________

BAAANN ____________________

PAPELPINE ____________________

Ouça o nome dos alimentos que seu(sua) **teacher** vai dizer.
Circule aqueles de que você gosta.

FLASHPAGE

Street market

7

MINI DIALOGS – UNITS 5, 6, 7

Para ler, ensaiar e encenar.

1

Lia – Hi, Cindy!
Cindy – Hi, Lia!
Lia – What fruit is this?
Cindy – This is a melon.
Lia – Oh, melon is delicious!
Cindy – This melon is for my sister.

2

Robert – Hello, Peter!
Peter – Hello, Robert!
Robert – This is my friend Walter.
Peter – Hello, Walter!
Walter – Hello, Peter!

PLAY STEPS

Units 5, 6, 7

Recorte as cartas das páginas 75 e 77 e faça um montinho com elas. Sente-se com um colega. Ele deverá pegar uma carta do monte e ler a pergunta ou o desafio que há nela para você responder. Se você acertar a resposta, ande no tabuleiro o número de casas indicado pelo dado que aparece desenhado na carta. Se errar, não ande nenhuma casa, fique onde está nesta jogada. Agora é a sua vez de pegar uma carta do monte para o seu colega responder ao desafio ou à questão que há nela. Para marcar as casas no tabuleiro, vocês podem usar pedacinhos de papel de cores diferentes. Ganha o jogo quem chegar primeiro ao troféu.

Veja o significado destas expressões que aparecem escritas no tabuleiro.

Start: Começo.

Steps: Passos, pegadas, rastros.

Go 2 steps: Ande 2 passos ou 2 "casas" do jogo.

Lose turn: Perde a vez.

Go back 2 steps: Volte 2 passos ou 2 "casas" do jogo.

You are the winner!: Você é o vencedor!

The end: Fim.

LET'S PLAY!
START
1
2
3
4
5
Lose turn
6
7
8
9
Go 2 Steps
10

11
12
13
Lose turn
14
Go back 2 Steps
15
16
17
Go back 2 Steps
18
Go 2 Steps
19
20
THE END
1
You are the winner!

Here you can see a family. Yes or no?

Resposta: No.

Quem são os integrantes desta família?

Resposta: Father, mother.

This is a red ball. Yes or no?

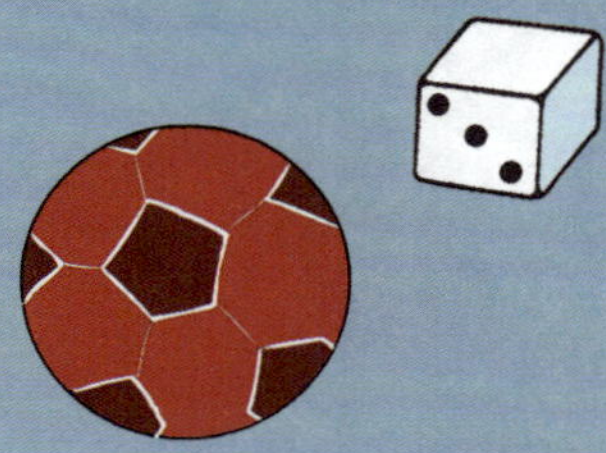

Resposta: Yes.

This bird is blue. True or false?

Resposta: False.

He is Joe. True or false?

Resposta: True.

He is a policeman. Yes or no?

Resposta: No.

She is a doctor. Yes or no?

Resposta: Yes.

The truck is very small. True or false?

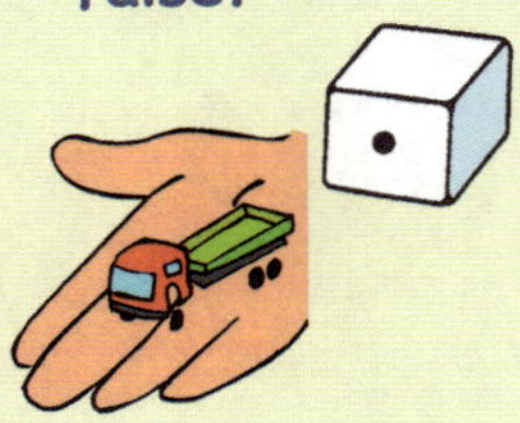

Resposta: True.

Diga uma profissão em inglês que comece com a letra D.

Resposta: Dentist, Doctor, Driver.

What is your name?

Resposta pessoal: o nome de quem vai responder.

What is this? A fruit or a fruit juice?

Resposta: This is a fruit.

What fruit is this?

Resposta: This is a melon.

What fruit is this?

Resposta: This is a banana.

This apple is red. True or false?

Resposta: False.

The lemon is green. Yes or no?

Resposta: Yes.

This is a potato. Yes or no?

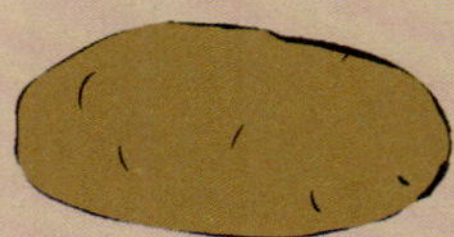

Resposta: Yes.

8 Animal news

This is the tiger Tor. He is a beautiful tiger!
ZOO
That is the giraffe Nicole. She is very tall!
ZOO
And this is the monkey Grimace. He is very funny.
ZOO

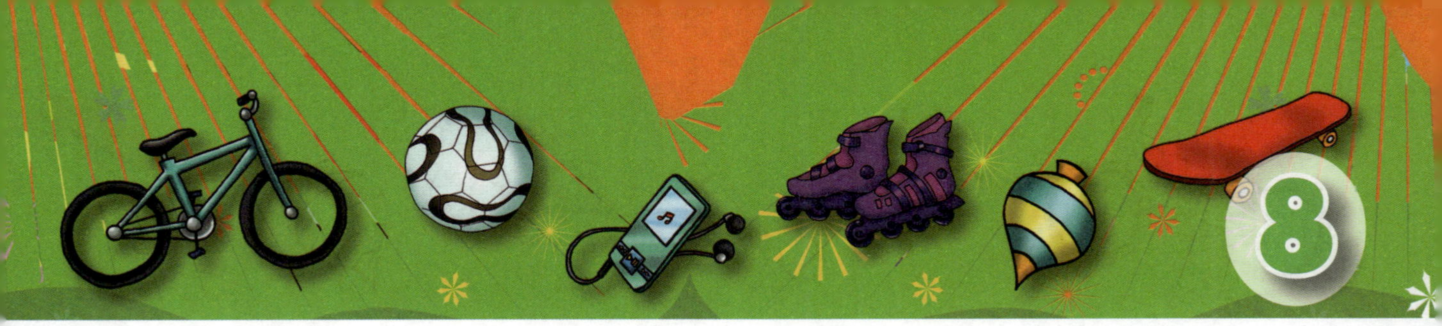

Leia o texto com seu(sua) **teacher** e realize as atividades.

What can you see in this picture?
I can see a little bear.

What can you see in this picture?
I can see a giraffe. It is very tall.

What can you see in this picture?
I can see a big lion.

And the monkey? Can you see the monkey?
Yes! I can see a little monkey.

What animal can you see in this picture?
I can see a beautiful tiger!

Responda às questões.

What can you see in this picture?

____

What can you see in this picture?

____

What can you see in this picture?

____

Observe as figuras e veja o significado dos adjetivos **young** | **old**, **big** | **small**, **tall** | **short**.

A young lion

An old lion

A big gorilla

A small gorilla

A tall giraffe

A short giraffe

Leia as frases e assinale com um ✗ as figuras correspondentes.

This tiger is old.

This giraffe is very tall.

This bear is small.

This gorilla is short.

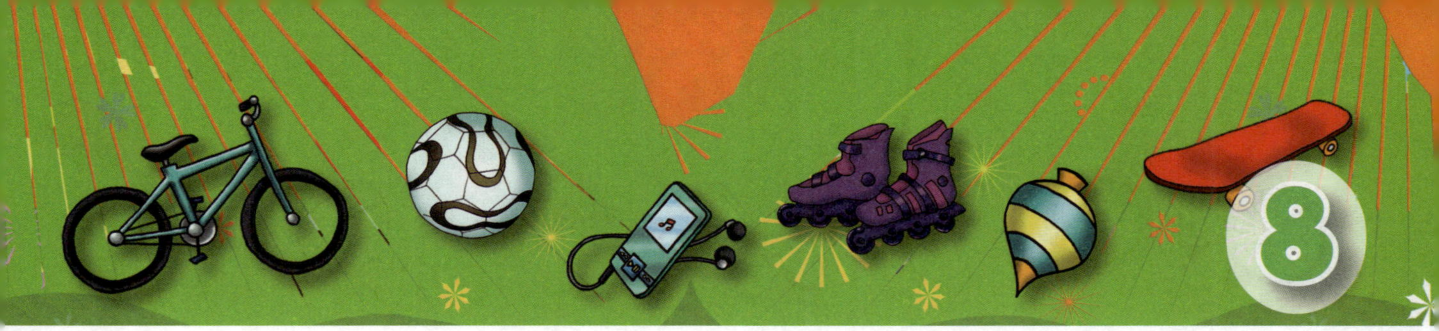

Other animals

Oberve outros **animals** e ligue cada um à sua principal característica.

Pig

Aproveitamos dele a carne.

Cow

Um amigo fiel, que late.

Dog

Vive na água.

Fish

Aproveitamos dele a carne e o leite.

Separe os seguintes **animals** em dois grupos: domésticos e silvestres.

LION – COW – GIRAFFE – DOG – MONKEY – PIG

Domestic animals	**Wild animals**
__________	__________
__________	__________
__________	__________

Descubra os nomes de **four animals** no caça-palavras.

B	I	D	O	G	L	B	L	E	S	B
I	X	E	M	A	A	L	C	Z	A	X
O	B	I	K	K	C	O	W	B	M	H
N	M	O	N	K	E	Y	E	X	U	G
B	A	J	L	T	V	Q	L	I	O	N

Observe as figuras e diga, em inglês, os nomes dos animais que você vê nelas.

I can see a...

FLASHPAGE

Animal news

UNIT 9 Communication

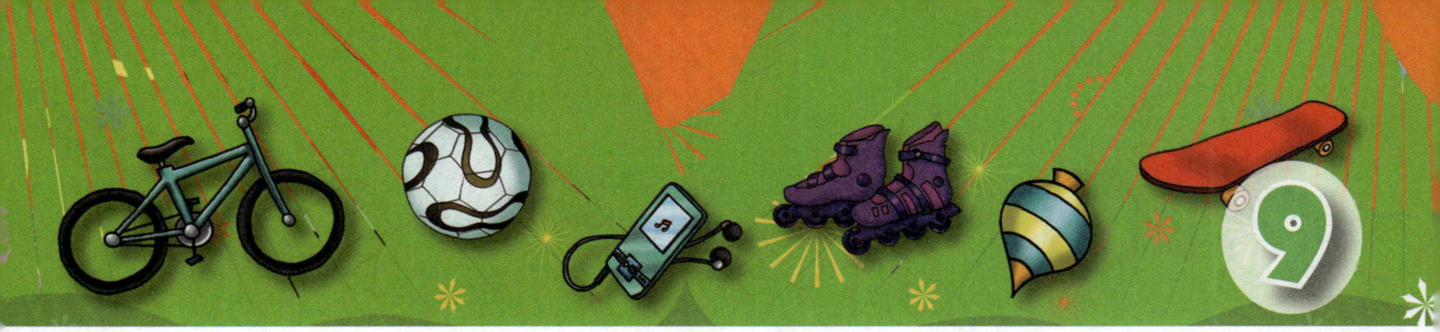

Leia o texto com seu(sua) **teacher** e realize as atividades.

– Hello!
– Hello!
– What is your name, please?
– My name is Paul. I am Paul.
– What is your telephone number?
– My telephone number is 3467 8812.
– Thank you.

Responda às questões.

1. Que outro cumprimento podemos usar no lugar de **Hello**?

____

2. Quais palavras indicam educação e polidez?

____

Complete o texto com o que falta.

– Hello!
– ______________
– What is your __________, please?
– My ______________. I ______ Paul.
– ______________ your telephone number?
– ________ telephone number ______ 3467 8812.
– Thank you.

Leia as frases e faça desenhos para ilustrá-las. Preste atenção ao significado de **on**, **under**, **in**.

The telephone **is on** the table.

The radio **is in** the box.

The newspaper **is under** the table.

Observe as figuras. Nos balões, escreva as frases correspondentes às figuras.

Good morning, Rodrigo! | Good morning, Sara!

What is your telephone number? | My telephone number is 6161 5555.

Hello! What is your name? | My name is Pedro!

Observe as cenas e encontre cinco diferenças entre elas. Assinale as diferenças com um ✗.

Ouça o que seu(sua) **teacher** vai dizer. Escreva o que ele(ela) disser nos quadros ou faça desenhos para mostrar o que foi dito.

1.

2.

3.

4.

5.

6.

FLASHPAGE

Good morning

UNIT 10 Let's play

Leia o texto com seu(sua) **teacher** e realize as atividades.

– Hi, Julio!
– Hi, Paul! What is this?
– This is my new toy. This is a mini game.
– And what is that?
– That is my scooter.
– Let’s play!

Responda **yes** or **no**.

The new toy is a scooter.	( ) yes	( ) no
The new toy is a mini game.	( ) yes	( ) no

Complete o texto com o que falta.

– Hi, Julio!
– Hi, Paul! ________________________?
– ________________________. This is ________________________.
– And ______ is that?
– That is my __________.
– Let’s play!

Quantos **toys** tem a **girl**? E o **boy**? Vamos ajudá-los a contar? Conte os **toys** e complete as frases abaixo. Veja o modelo.

I have two board games.

I have ______________________.

I have ______________________.

I have six mini games.

I have ______________________.

I have ______________________.

I have ______________________.

Complete as palavras com as letras que faltam.

BO_____	G_____E	R_____PE	GA_____	REMOTE CON_____
D_____LL	TEN_____	BA_____L	MIN_____	ROLL______R
SK_____E	C______R	_____TE	C_____DS	SCOOT_____

Escreva as frases de acordo com as ações.

dance

Let's dance! ______________________________

sing

____

jump

____

clap

____

sit down

____

Ajude o **boy** a encontrar sua **tent** e a **girl** a encontrar seu **roller skate**.

Ouça as frases que seu(sua) **teacher** vai dizer. Assinale-as com ✗ e copie-as nas linhas abaixo.

This is a toy. ☐

Hi, Lily! ☐

Let's play! ☐

What is that? ☐

That is a board game. ☐

I like your new toy. ☐

That is my skate. ☐

My toys have remote control. ☐

I have two balls. ☐

You have four cards. ☐

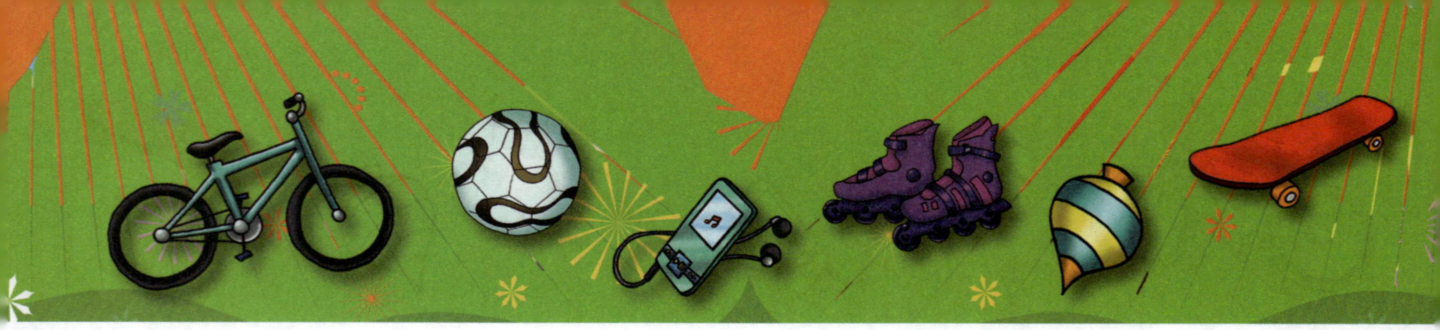

FLASHPAGE

●●● Let's play!

MINI DIALOGS – UNITS 8, 9, 10

Para ler, ensaiar e encenar.

Rose – Hello, Mark!
Mark – Hello, Rose!
Rose – This is my new bike.
Mark – Oh, it is beautiful!
Rose – Ok. Let's play!
Mark – Yes! Let's play!

Paul – Hi, Julio!
Julio – Hi, Paul! What is this?
Paul – This is my new skate.
Julio – Oh, it is beautiful!
Paul – Ok. Let's play!
Julio – Yes! Let's play!

Name ______________________________ Class ______ Date ___________

Complete o balão de fala com um cumprimento e escreva os nomes dos objetos nas linhas pontilhadas.

REVIEW UNIT 2

Name ______________________ Class ________ Date ____________

Observe as figuras e responda às questões.

What color is this bird?

____

____

What color is this flower?

____

____

Leia e assinale com ✘ o desenho correspondente.

The small table

The big window

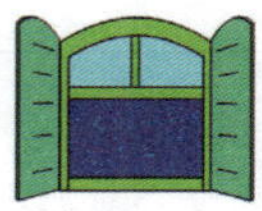

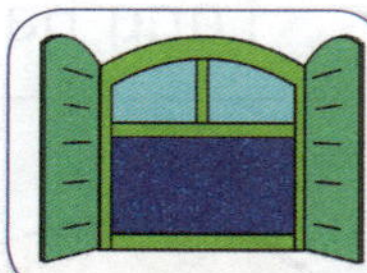

Pinte nas cores pedidas.

Color the cat black.

Color the flowers pink.

Color the stars blue.

Color the car yellow.

Name ______________________ Class ________ Date ____________

Complete as frases com **new** ou **old**.

This car is ______________________

This car is ______________________

This bike is ______________________

This bike is ______________________

Desenhe os cabelos, conforme o que se pede.

Long hair

Short hair

Name ________________ Class ________ Date ____________

Observe os relógios e responda: que horas são?

What time is it?

____

What time is it?

____

Escreva por extenso estas adições. Siga o modelo.

1 + 2 = 3 One and two is three.

2 + 2 = 4 ______________________.

2 + 6 = 8 ______________________.

5 + 9 = 14 ______________________.

Complete a cruzadinha, escrevendo os números por extenso.

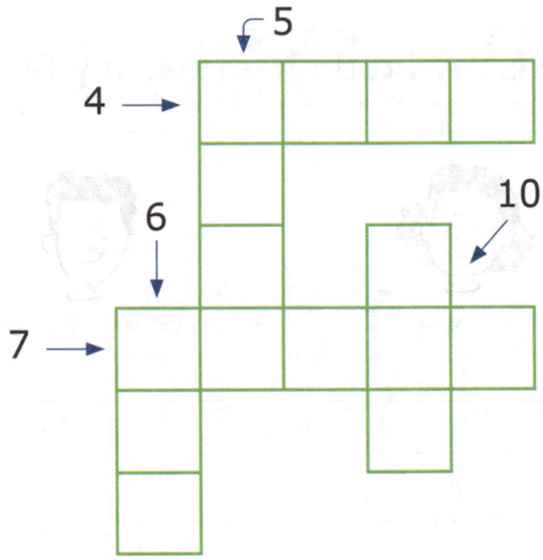

REVIEW UNIT 5

Name ______________________________ Class _______ Date ___________

Ligue os integrantes da **family** às falas correspondentes.

I am the father.

I am the mother.

I am the sister.

I am the brother.

Escreva frases, usando os nomes das roupas em inglês.

This is a red dress. I like it.

Escreva as frases embaixo das figuras correspondentes.

She is my mother. – He is my brother. – He is my father. – She is my sister.

REVIEW UNIT 6

Name ______________________ Class ________ Date ____________

Encontre no caça-palavras os nomes destes meios de transporte em inglês.

L	X	B	Q	D	K	Q	J	X	G	J	F
N	S	D	X	F	B	I	K	E	X	G	D
C	A	R	J	W	Y	N	T	Y	J	P	D
F	X	Q	X	G	F	G	T	R	U	C	K
J	D	G	B	U	S	X	W	Q	F	K	D
S	Q	S	A	I	R	P	L	A	N	E	S
J	Y	K	D	F	D	G	J	W	Q	K	T

Escreva a profissão de cada pessoa, usando **he** ou **she**.

He / doctor

He is a doctor.

He / driver

____

He / policeman

____

She / teacher

____

She / dentist

____

REVIEW UNIT 7

Name ______________________ Class ________ Date ____________

Responda dizendo o nome da **fruit** em inglês. Na resposta, use **this** ou **that**. Para isso, observe se a **fruit** está longe ou perto de quem fala.

What is this?

This is a mango.

____

What is that?

____

____

What is this?

____

____

What is that?

____

____

Escolha as frutas de que você mais gosta e escreva frases com os nomes delas.

I like mango. Mango is delicious!

____

____

____

____

____

____

____

____

____

____

____

____

REVIEW UNIT 8

Name ______________________ Class ________ Date ____________

Separe os animais em dois grupos, **domestic** e **wild**, escrevendo os nomes deles nas linhas.

Domestic animals

____

____

____

Wild animals

____

____

____

____

____

Agora, escreva frases, apresentando os animais acima e dizendo se são selvagens ou domésticos, como nos modelos.
Note que o pronome **it** é usado para coisas e animais.

This is a lion. It is a wild animal.

This is a pig. It is a domestic animal.

____

____

____

____

Name ______________________ Class ________ Date ____________

Escreva **in**, **on**, **under** de acordo com as figuras.

______________ ______________ ______________

Leia o texto sobre o George e depois escreva o texto sobre o Mateus.

George / 7711 2233

- What is your name?
- My name is George.
- What is your telephone number?
- My telephone number is seven, seven, one, one, two, two, three, three.

Agora, reescreva o diálogo mudando o nome do personagem e o número do telefone. O personagem será Mateus, e seu telefone: 3212 6548.

____

____

____

____

REVIEW UNIT 10

Name ______________________ Class ________ Date ____________

Ligue as frases às ilustrações.

Let's dance!

Let's play!

Let's sing!

Let's clap!

Escreva as perguntas para as respostas abaixo.

1. ____

This is a board game.

2. ____

That is a remote control.

Observe as figuras e complete as falas dos balões.

SPECIAL DATES

EASTER

Nesta Páscoa, você vai enfeitar sua casa com uma bandeja especial.

Providencie uma bandeja de papelão. Pode ser dessas que se encontram em mercados ou em lojas de artigos para festa.

Junte casquinhas de ovos de galinha. Cole as casquinhas na bandeja com cola líquida. Para o trabalho ficar bem bonito, cubra todos os cantos da bandeja com os pedacinhos de casca. Por isso, quanto maior for a bandeja, de mais cascas você vai precisar.

Depois é só pintar com tinta plástica da cor da sua preferência. Vai ficar lindo!

MOTHER'S DAY May

Cole um pedacinho de papel no bolso deste avental para a sua **mother** colocar recados.
Recorte o avental. Compre numa papelaria um pequeno ímã e cole atrás dele.
Embrulhe com papel celofane e amarre uma fita. Sua **mother** vai adorar este ímã, que pode ser colocado na geladeira para segurar os recadinhos.

FESTA JUNINA June

Pinte as figuras relacionadas com as festas juninas.

FATHER'S DAY August

Providencie pedaços de E.V.A. (folhas emborrachadas) coloridos, para fazer um presente que seu **father** vai poder usar.

Means of Transportation

Utilize este molde para desenhar um carro no E.V.A. Depois recorte o E.V.A. e cole sua foto nele. Então prenda uma correntinha com argola, e está pronto um lindo chaveiro.

CHILDREN'S DAY October 12th

Recorte os **puppets** de dedo para brincar com seus colegas. Vocês podem fazer encenações com eles.

TEACHER'S DAY October 15th

Pinte a **flower** com capricho. Cole casca de lápis no miolo. Depois, recorte a **flower** e cole no cartão. Recorte o cartão e dê para seu(sua) **teacher**.

Thank you, teacher!
This is a flower for you.

CHRISTMAS DECORATION

December 25th

Vamos fazer um lindo enfeite para colocar na porta de entrada da sua casa ou na porta do seu quarto? Veja as sugestões abaixo. Você poderá usar cartolina ou papel colorido.

STEPS TO SING

LET'S SING!
VAMOS CANTAR!
LIGUE O SEU CD E CANTE JUNTO

1. HAPPY BIRTHDAY TO YOU.

HAPPY BIRTHDAY TO YOU.
HAPPY BIRTHDAY TO YOU.
HAPPY BIRTHDAY, DEAR FRIEND.
HAPPY BIRTHDAY TO YOU.

2. GOOD MORNING TO YOU.

GOOD MORNING TO YOU.
GOOD MORNING TO YOU.
GOOD MORNING, MY TEACHER,
GOOD MORNING TO YOU.

3. GOODBYE, MY TEACHER.

GOODBYE, GOODBYE, MY TEACHER.
GOODBYE, GOODBYE TO YOU. (REPETE)

4. MOTHER'S DAY, FATHER'S DAY

MY FATHER IS MY FRIEND.
MY FATHER IS MY FRIEND.
MY MOTHER IS MY FRIEND.
MY MOTHER IS MY FRIEND.

5. INDIAN DAY.

I AM AN INDIAN. (REPETE)
I AM BLACK FACE. (REPETE)
I AM RED FACE. (REPETE)

6. COLORS

GREEN, YELLOW, RED,
WHITE, BLUE AND BLACK. (REPETE)
YELLOW BIRD, BLACK CAT.
WHITE COW, MOO, MOO, MOO, MOO. (REPETE)

7. TRAFFIC

ATTENTION! ATTENTION! A BLUE CAR, BEEE-BEEE.
ATTENTION! ATTENTION! A RED BUS FON-FON.
ATTENTION! ATTENTION! YOU AND ME!
ATTENTION! ATTENTION! A RED BUS FON-FON.

8. SOLDIER'S DAY.

I AM A SOLDIER. I AM A SOLDIER.
ONE, TWO, ONE TWO! ONE TWO, ONE, TWO!
I AM A SOLDIER. I AM A SOLDIER.
ONE, TWO, THREE, FOUR. ONE, TWO, THREE, FOUR.

9. SPRING – ARBOR DAY

THE TREE, THE TREE, THE TREE, THE TREE,
FLOWERS, FLOWERS, FLOWERS FOR ME.
(REPETE)
THE TREE, THE TREE, THE TREE, THE TREE,
FRUIT, FRUIT, FRUIT FOR ME.
(REPETE)

10. CHILDREN'S DAY

I AM A BOY, A BOY, A BOY.
A BALL IS MY TOY, MY TOY, MY TOY.
I AM A GIRL, A GIRL, A GIRL.
A DOLL IS MY TOY, MY TOY, MY TOY.

11. MISTER CLOWN.

MISTER CLOWN IS MY FRIEND! MISTER CLOWN IS MY FRIEND!
THE CLOWN IS FUNNY! FUNNY, FUNNY!
(REPETE)

12. ANIMALS - I

THE BIRD - PEW, PEW.
THE CAT - MEOW, MEOW.
THE COW - MOO, MOO.
THE DOG - AU, AU.
(REPETE)

13. ANIMALS - II

THE DOG AND THE BONE.
THE CAT AND THE MILK.
THE MONKEY AND THE BANANA.
THE BIRD AND THE FRUIT.
(REPETE)

14. NUMBERS

ONE, TWO, THREE, FOUR, FIVE, SIX.
ONE, TWO, ONE TWO, THREE, FOUR, THREE, FOUR.
FIVE, SIX, FIVE, SIX.
(REPETE)

15. MERRY CHRISTMAS!

MERRY CHRISTMAS! MERRY CHRISTMAS!
DIN, DEN, DON!
(REPETE)

GENERAL VOCABULARY

GENERAL VOCABULARY

A (an): um, uma (usa-se **an** diante de vogal: **an** apple)

Airplane: avião

This is an airplane.

Am: sou, estou

And: e

Apple: maçã

Arm: braço

Aunt: tia

Baby: bebê, filhote

Bag: sacola, mala

Ball: bola

Balloon: bexiga, balão

Basket: cesto

A basket.

Beach: praia

Bear: urso

Beautiful: bonito

Bicycle: bicicleta

Bike: bicicleta

This is a bike.

Big: grande

Bird: passarinho

This bird is blue.

Birthday: aniversário

Black: preto

Blue: azul

Board: prancha, tábua

Board game: jogo de tabuleiro

Boat: barco

Body: corpo

Book: livro

Bookmarker: marcador de página

Box: caixa

Boy: menino, rapaz

Bread: pão

Brother: irmão

GENERAL VOCABULARY

Brown: marrom

Bus: ônibus

Butter: manteiga

Cake: bolo

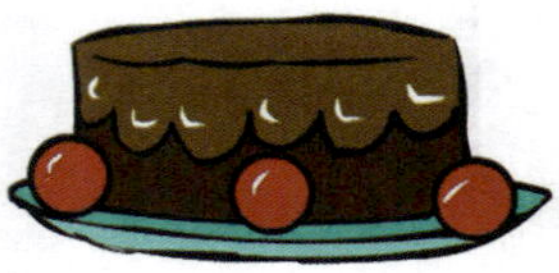

This cake is delicious!

Can: posso, pode

Car: carro

Card: cartão

Carrot: cenoura

Carrot

Cat: gato

Chair: cadeira

Child: criança

Child

Children: crianças

Christmas: Natal

Clown: palhaço

The clown is funny!

Cookies: bolachas, biscoitos

Coffee: café

Color: cor, colorir, pintar

Connect: ligar

Copybook: caderno, caderneta

Dance: dança, dançar

Daughter: filha

Desk: carteira de escola

Dice: dado

Dog: cachorro

Doll: boneca

Door: porta

Driver: motorista

He is a driver.

Ear: orelha

GENERAL VOCABULARY

Easter: Páscoa
Easter bunny: coelho da Páscoa
Egg: ovo
Eraser: apagador
Eyes: olhos
Face: face, rosto
False: falso
Family: família
Family tree: árvore genealógica
Farm: fazenda
Farmer: fazendeiro
Father: pai
Father's: do pai
Fax machine: fax
Feet: pés (plural irregular de **foot**)
Field: campo
Finger: dedo
Fish: peixe

Fish

Five: cinco
Flashcard: cartaz
Flower: flor
Foot: pé
Four: quatro
Friend: amigo
Fruit: fruta ou frutas
Fruit juice: suco de fruta

Fruit juice
is delicious!

Fun: diversão
Funny: engraçado, divertido
Games: jogos
Garbage: lixo
Girl: menina, moça
Glue: colar
Goodbye!: Tchau! Adeus!
Good afternoon!: Boa tarde!
Good morning!: Bom dia!
Grandfather: avô
Grandmother: avó
Grape: uva

Delicious grapes.

Green: verde
Greetings: saudações, cumprimentos
Grimace: careta
Hair: cabelo

GENERAL VOCABULARY

Hand: mão
Happy birthday: feliz aniversário
Head: cabeça
Health: saúde
Hello!: Olá! Alô!
Hey!: Oh!
Hi!: Olá!
Horse: cavalo
House: casa

This is a big house.

I: eu (escreve-se sempre com maiúscula)
I am: eu sou ou eu estou
Ice cream: sorvete

I like ice cream.

In: em, no, na
Is: é, está
It: ele, ela (neutro)
Juice: suco
Kite: pipa, papagaio
Let's play!: Vamos brincar!
Like: gostar
Lilac: lilás
Long: comprido
Love: amar, amor
Macaroni: macarrão
Magazine: revista
Magician: mágico
Mango: manga

This is a delicious mango.

Manioc: mandioca
Mask: máscara
Melon: melão
Merry Christmas: Feliz Natal
Monkey: macaco

The monkey is funny.

GENERAL VOCABULARY

Mother: mãe

Mother's: da mãe

Mouse: rato

My: meu(s), minha(s)

Name: nome

Nature: natureza

Neck: pescoço

New: novo

Newspaper: jornal

Nose: nariz

Not: não

Notebook: caderno

Number: número

O'clock: em ponto

Office: escritório

Old: velho

One: um

On the left: à esquerda

On the left. On the right.

On the right: à direita

Or: ou

Orange: laranja; cor de laranja

Orange juice: suco de laranja

Orange tree: laranjeira

Parents: pais (pai e mãe)

Pear: pera

Pencil: lápis

This pencil is blue.
This pencil is orange.

Pets: animais de estimação

Picture: figura

Pink: cor-de-rosa

Place: lugar

Play: jogar, brincar

The boys play football everyday.

Playground: pátio, recreio

Playing cards: jogando cartas

Please: por favor

Policeman: policial

GENERAL VOCABULARY

Postman: carteiro

He is a postman.

Potato: batata (**potatoes**: batatas)
Pumpkin: abóbora
Rabbit: coelho
Red: vermelho
River: rio
Rope: corda
Ruber: borracha
Ruler: régua
Salesperson: vendedor
Sand: areia
Santa Claus: Papai Noel
School: escola
School bag: mala de escola, mochila
Scooter: patinete

This is a scooter.

Sister: irmã
Shape: forma
Shirt: camisa
Shoes: sapatos
Short: curto, pequeno
Shower: banho de chuveiro
Sink: pia
Sister: irmã
Slice: pedaço, fatia
Slide: escorregador
Small: pequeno
Son: filho
Star: estrela
Start: começo
Steps: degraus, passos
Strawberry: morango
Street: rua
Study: estudar
Sun: sol
Swim: nadar
Swing: balanço
Table: mesa

This is a table.

Tall: alto
Tap: torneira
Teacher: professor(a)
Teacher's: do(da) professor(a)

GENERAL VOCABULARY

Tent: barraca

Thank you!: Obrigado!

That: aquele, aquela

This: este, esta, isto

Three: três

Tiger: tigre

It is a tiger.

Time: tempo, hora

Town: cidade, centro da cidade

Toy: brinquedo

Tree: árvore

This is a giant tree

Truck: caminhão

True: verdadeiro, verdade

Trunk: tronco

Uncle: tio

Vase: vaso

Very: muito

Wagon: vagão

Watch TV: ver televisão

Water: água

Watermelon: melancia

Weekend: fim de semana

What: o que, qual

White: branco

Window: janela

The window is green.

Year: ano

Yellow: amarelo

You: você, vocês, vós

Young: jovem

He is old.

He is young.

Zoo: zoológico

UNIT 1

Window

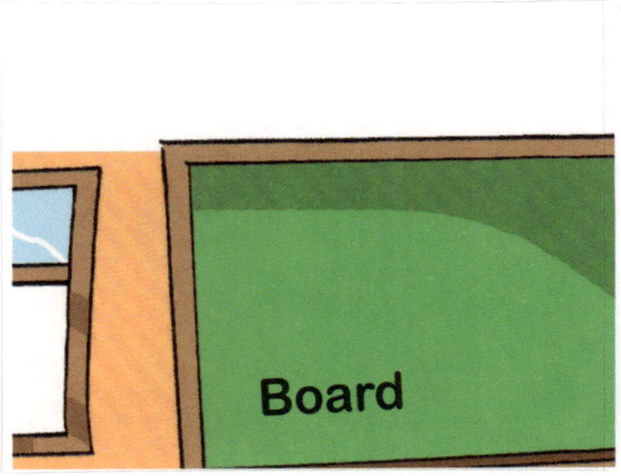
Board

Good morning!

Hello, teacher.

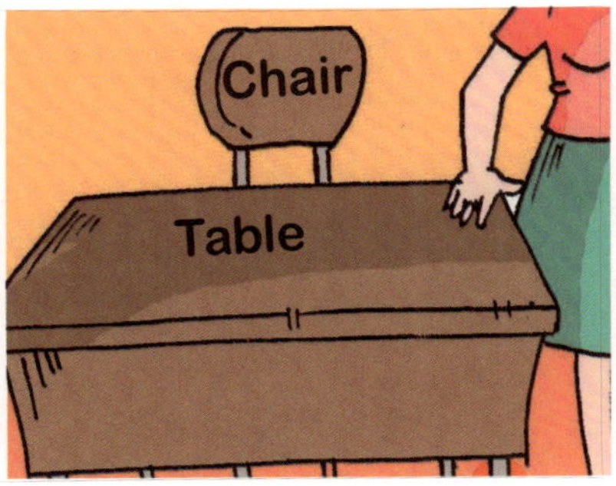
Chair
Table

Door

Desk

Hi!

UNIT 2

This flower is blue.

Orange
Yellow

Blue
Red

UNIT 2

What color is this?

White
Pink

UNIT 3

Ball

Book

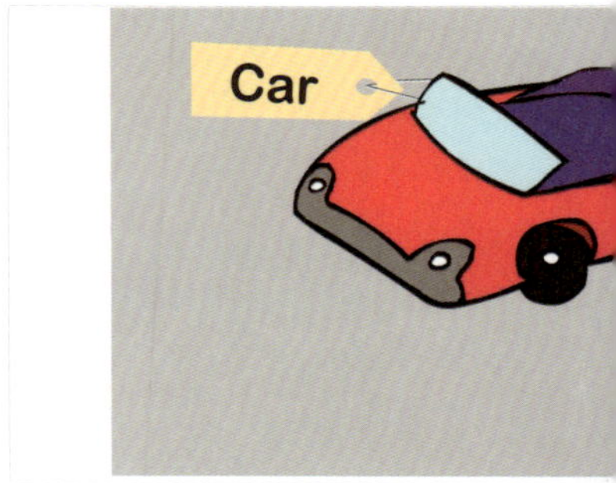
Car

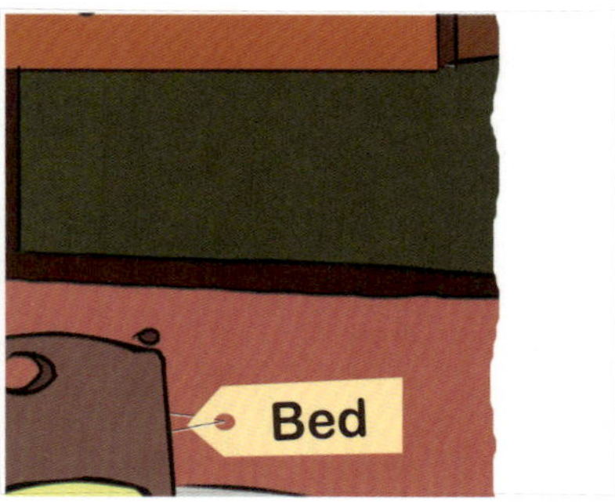
Bed

Kite

Doll

Bike

Hey, this bike is new!

It is two o'clock!

What time
is it?

THIS IS MY FAMILY

I am the mother

I am the father

My name is Carol
I am the sister

I am the brother

I LOVE MY FAMILY

airplane

I am a
pilot.

I am
a postman.

UNIT 6

I am a salesperson.

bus

truck
I am a driver.

car
I am a policeman.

UNIT 7

The melon is delicious!

mango

banana
apple

watermelon

carrot

This is a pumpkin!

UNIT 7

UNIT 8

UNIT 9

UNIT 9

UNIT 10

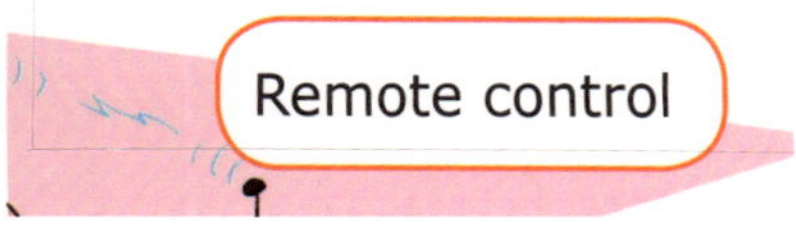

Let's play!